„Ach, wie bald vergehn die
schönen Stunden,
die wie Wolken verwehn.
So ein Tag, so wunderschön wie heute,
so ein Tag, der dürfte nie vergehn.“

Aus dem Lied „So ein Tag, so wunderschön wie heute“

Siebzig Enkelkinder?
Siebzig Meter Angelschnur?
Siebzig Pillen?

Kannst alles vergessen! Siebzig Jahre, 70% eines Jahrhunderts, das ist das wirkliche Geschenk. Vom Wipfel deines goldenen Herbstbaumes schaust du auf das nervöse Treiben der anderen und bist froh, dass du das hinter dir hast. Alt, das ist ein Bier, eine Stimme – und die Auszeichnung für Weisheit und Erfahrung. Nun stell dir vor, du müsstest noch mal in die Schule gehen? Wenn schon, dann nur mit dem Wissen von heute, jedenfalls im Bereich der Liebe, oder? Auch das zeichnet dich aus.

HERZLICHEN GLÜCKWUNSCH VON:

Geschenk von Helga 20.10.06

Ich bin jetzt 70!
Junger Schnösel!
BUTSCHKOW

WILLKOMMEN

IM CLUB DER SIEBZIGER

Diese Karte *weist dich aus als Mitglied einer privilegierten Altersklasse. Du darfst damit jeden liegen gebliebenen ADAC-Wagen reparieren, deine Pyjamahose mit Gürtel tragen, in Diskotheken unter 20 gehen, ein Bankkonto im Park eröffnen, auf den Flughäfen die Rolltreppe benutzen, im IC-Zug vorne einsteigen, auf öffentlichen Toiletten deine Beschwerden an die Wand schreiben und im Supermarkt das Obst anfassen. Und das zehn Jahre lang. Danach wird erneut verhandelt.*

QUÄLENDE

Warum altert der Mensch?
Weil die Ärzte-Lobby es so will.

Warum bekommt man oft schlechte Geschenke?
Weil die Post die Pakete oft erst nach der Haltbarkeitsgrenze zustellt.

Warum kommt der Mensch so klein auf die Welt?
Weil die Frauen keine Elefanten sind.

Warum muss das Geburtstagskind immer alles bezahlen?
Weil die Gäste immer ohne Geld kommen.

Warum kommen manchmal Gäste, die man gar nicht eingeladen hat?
Weil man nicht nur Freunde hat.

Warum sagt man immer „Herzlichen Glückwunsch"?
Weil es nichts kostet.

Warum vergessen viele Menschen die Geburtstage anderer Leute?
Weil wir zu viele Menschen sind.

Warum brauchen wir so ein Büchlein wie dieses?
Weil es auch wertvolle Geschenke geben muss.

WARUM

FRAGEN...

Wer trinken kann, kann auch schwimmen.
Also rein in den neuen Jahrgang!

Wach auf, Bauer! Heut ist dein Geburtstag!
BUTSCHKOW

Siebzigjährige Altenteilerin unter Wurst- und Schinkengalerie
beim Aufbrühen eines Geburtstagsblütentees mit vorbeischreitender Hauskatze.

Knut von Wyck, Öl 1893

ute Ideen · Gute Ideen · Gut

Lass doch deinen Geburtstag mal ausfallen! Kostet dich nix und merkt kein Mensch.

Wünsch dir doch mal von allen dasselbe. Damit machst du dann einen Laden auf und wirst reich. So hat es Bill Gates gemacht, der hatte sich damals von allen seinen Freunden nur Computer gewünscht.

Um Beschwerden von den Nachbarn wg. allzu lauter Musik vorzubeugen, verschenkst du an alle Mieter vorher leckeres Konfekt. Natürlich ist das vorher mit einem starken Schlafmittel präpariert worden. Leichte Dosis wirkt für 12 Stunden, und du kannst in Ruhe Krach machen. Wenn du ganz sicher sein willst, geht auch ein Karton Konfekt an die nächste Polizeiwache in deiner Nähe.

Wenn du einem Geburtstagskind eine richtig große Freude machen willst, dann trage ein Gedicht vor. Es sollte nicht zu schwer sein und die 50 Kilo nicht überschreiten.

deen · Gute Ideen · Gute Id

Um alkoholischen Auswüchsen auf deiner Party entgegenzuwirken, schenkst du am besten nur Säfte und Mineralwasser aus. Dann bist du wenigstens schnell alleine und kannst früh ins Bett gehen.

Bei schlechtem Wetter feierst du am besten drinnen, bei gutem Wetter draußen.

Alle Speisereste vom Geburtstagsessen einfach in den Mixer und mit Zement und Wasser vermischen, in eine Form gießen, innen etwas aushöhlen, einen Tag erkalten lassen und fertig ist ein hübscher Aschenbecher oder eine dekorative Vase, wie belieben.

Um der lästigen Nichtraucher Herr zu werden, schaffst du am besten außerhalb der Räumlichkeiten eine Nichtrauchersektion, das kann die Mülleimerbox im Hof sein oder eine Garagenauffahrt. Da können sie dann über Krankheiten labern und sich gegenseitig anhauchen, das stört so keinen.

Schub!!!...
Opas neue Schaukel! super Geschenk-Idee!!
BUTSCHKOW

WIE FEIERT WER?!

DER SOLDAT

Ort der Feierlichkeit: Bunker · Speisen: Gulaschkanone · Getränke: Bier bis zum Wegtreten · Musik: Märsche · Bekleidung: Paradeuniform · Darbietungen: Manöverspiele · Launefaktor: Offensiv · Hemmschwelle: Gering · Niveau: Auf Befehlsbasis · Ende: Zapfenstreich.

DER LEHRER

Ort der Feierlichkeit: Bibliothek · *Speisen:* Kartoffelsuppe, Schaf- und Ziegenkäse · *Getränke:* Wein aus der Provence, Früchtetees · *Musik:* Jazz, Salsa und Konstantin Wecker · *Bekleidung:* Jeans, Cord, Pullover und lange Röcke · *Darbietungen:* Gedichte, Referate und Couplets · *Launefaktor:* Bemüht · *Hemmschwelle:* Kopf · *Niveau:* Hoch · *Ende:* Wenn es klingelt.

WIE FEIERT WER?!

Du Sonderausgabe

Alte Hunde
werden schlapp,
alte Quellen
werden knapp.

Altes Bier
wird fad und lau,
alte Bäume
werden grau.

Alte Zeiger
sieht man kriechen,
alten Käse
kann man riechen.

Alte Wände
haben Flecken,
alte Töpfe
sind am Lecken.

Alte Hosen
kriegen Falten,
alte Felsen
kriegen Spalten.

Alte Reifen
werden platt,
alte Linsen
werden matt.

Alter Gummi
leiert aus,
alte Betten
frisst die Laus.

Nur bei dir,
muss ich gestehen,
ist das Alter
nicht zu sehen!

Aus Erfahrung klug werden heißt ja nicht, stur zu werden.
Du willst doch nicht so werden wie die 90-Jährigen, oder?

Gaudi VERSAND

GESCHENKE-TOPHITS

KREUZFAHRT-KALENDER

Monatskalender mit den berühmtesten Kreuzfahrtschiffen, ganz in Farbe. Format: 84 x 60 cm. Motive: „The Great Kukident vor Hawaii", „Die Lustige Witwe im Bremer Hafen", „Die Cholesterinia vor Monaco" u.v.a.

Bestell-Nr. 600 952

NEU

PILLENSCHLUCKER

Modell „Bad Liebenzell".
Kleiner Entsorgungscontainer
für Alttabletten.

Wartezimmerweiß, *Bestell-Nr. 600 888*
Stützstrumpfbraun, *Bestell-Nr. 600 889*

OLDIE-OUTDOOR-SET

NEU

Für den reiferen Menschen draußen. Enthalten sind: Wanderstock mit GPS-Empfänger, Regenwarner, Räuberpistole, heizbares Sitzkissen, Wörterbuch „Alltags-Englisch", Handtaschenlampe, Ersatzgelenke, Zeitschriftenhalter und Krankheitsgeschichtenabwehrgas.

Mit Rollen, *Bestell-Nr. 600 197*

CD „HEESTERS & KNEF"

Legendärer Livemitschnitt aus dem Maxims. Titel: „Mei Schal is weiß, mei Herz is rot",
„Für mich solls tote Hosen regnen",
„Blutjunge Mädels, blutjunger Wein",
„Die Pflegerin vom Wolfgangsee",
„Gut gesündigt ist halb bereut",
„In Grinzing unterm Wirtshaustisch",
„Mein weißes Haar in deiner Suppe" u.v.a.

Bestell-Nr. 600 171

HÖRGERÄT

NEU

Das Neueste auf dem Markt!
Mit Nachrichtenunterscheidung, Dummes-Gelaber-Sieb, Jugendsprachübersetzer und automatischer Abschaltung bei Erbschleicher-Attacken.

Bestell-Nr. 600 119

Schreibt dir McArthur zum Geburtstag?
Ja!

Und was?
Herzl. Glückw. !!
BUTSCHKOW

Lässt deine Hirnfunktion nach?

HIER ÜBERPRÜFST DU DEIN FOTOGRAFISCHES GEDÄCHTNIS

Du schaust jetzt eine Minute auf dieses Foto und beantwortest dann die Fragen, ob es stimmt, was da behauptet wird!

1. Auf dem Foto sitzen 12 Personen.
   JA ☐ NEIN ☐
2. Im Vordergrund steht ein altes Lama.
   JA ☐ NEIN ☐
3. Der Herr in der Mitte hat rasierte Achseln.
   JA ☐ NEIN ☐
4. Die Frau links ist lesbisch.
   JA ☐ NEIN ☐
5. An der Reling hängt ein Rettungsring.
   JA ☐ NEIN ☐
6. Der rechte Herr hat einen harten Stuhl.
   JA ☐ NEIN ☐
7. Im Laden liegt Prinz Charles.
   JA ☐ NEIN ☐
8. Hinter der Tür parkt ein Braunkohlebagger.
   JA ☐ NEIN ☐

Alle mit „Ja“ beantwortet? Das beweist: Du hast dir deine Fantasie bewahrt. Blöd merken kann jeder.

Zugegeben,
im Alter wird man
ängstlicher!
AIR
BAG

ALZHEIMR

Neue Forschungsergebnisse aus Amerika kamen zu dem Ergebnis, dass die Alzheimer nur eine Erfindung der Pharmaindustrie ist.

Bei hundert 70-jährigen Testpersonen in einem Senioren-Camp stellte man fest, dass eine gewisse Form der Vergesslichkeit immer im Zusammenhang mit dem jeweiligen Interesse der Person zusammenhing. Fragte man zum z.B.: „Wer hat heute Küchendienst?", antworteten die Testpersonen völlig verwirrt „Kölle alaaf!" oder „Hilfe, Vertreter!!!"

Fragte man aber „Wer nimmt am Rommee-Turnier teil?", so jubelten sie: „Platz da, ich komme!" oder „Jetzt zieh ich euch die Hosen runter!" oder „Wohlan, die Karten frisch gemischt!"

Ein Beweis, dass Vergesslichkeit allein eine Sache der Motivation ist.

Was meinte ich?

Wir nehmen zweimal das Gedeck Nummer Zwo und den Beaujolais!
BUTSCHKOW

Geburtstag, heute! – Eine Aufzeichnung

20.30 Uhr: *Frau Herrmann, die Nachbarin, tritt gleich nach dem Essen vor und gibt ein wunderschönes, selbst gereimtes Gedicht zum Besten. Großer Applaus.*

20.45 Uhr: *Arbeitskollege Zöch hat auch ein Gedicht gemacht. Es beinhaltet seine gemeinsame berufliche Lebenszeit mit dem Jubilar und ist voll lustiger Anspielungen und frivoler Erinnerungen. Großes Gelächter.*

21.03 Uhr: *Großvater Albert zitiert ein altes Mundartgedicht in Altfriesisch. Keiner versteht ein Wort, aber alle klatschen gutwillig.*

21.15 Uhr: *Robert und Renate verteilen Manuskripte mit dem umgewandelten Text von „Unter sieben Brücken" von Peter Maffay: „Unter sieben Weibern soll er stehn ..." Alle singen fröhlich mit, nur Pastor Eckelmann und Lehrer Matthies wirken verkrampft.*

21.20 Uhr: *Die Freunde aus dem Kegelverein führen in schriller Kostümierung eine lustige Posse auf, die wohl nichts mit dem Geburtstag zu tun hat, aber mächtig für Stimmung sorgt.*

21.45 Uhr: *Auftritt der wohlbeleibten Sportkameraden aus dem Tennisverein in Ballettkleidchen. Unglaublich lustig. Die Gäste toben.*

22.10 Uhr: *Das Geburtstagskind wird von den Damen des Kochclubs wie ein Baby verkleidet und muss Brei essen, Milch trinken und wird gewaschen und gewindelt. Das Publikum brüllt vor Lachen.*

22.38 Uhr: *Anna Kronzuber, ein verstecktes Gesangstalent, singt eine Passage aus der Oper Aida. Kommt nicht bei allen an.*

22.45 Uhr: *Der Nachwuchs der örtlichen Aerobic-Gruppe führt eine Tanznummer nach einem Lied von Britney Spears auf. Die Eltern der Beteiligten sind aus dem Häuschen.*

23.05 Uhr: *Großvater Albert möchte im alkoholisierten Zustand mit hochprozenti-*

gem Rum eine Feuerschluckernummer darbieten. Sanfte Einflussnahme beherzter Verwandter verhindert Schlimmeres.

23.14 Uhr: Lehrer Matthies trägt ein Gedicht von Brecht vor. Die Stimmung ist gedrückt.

23.29 Uhr: Jupp Schmelzer offenbart sein komödiantisches Talent und präsentiert eine großartige Nummer im Stil eines Büttenredners. Riesenspaß. Viele sind der Meinung, das gehört ins Fernsehen.

23.42 Uhr: Der Saal wird umgeräumt. Die Damen des Häkelclubs machen eine Stepp-Vorführung wie bei Riverdance. Die Gäste stehen auf den Stühlen.

00.32 Uhr: Der völlig betrunkene Opa Albert drängt sich in die Saalmitte und versucht, von seinen Erlebnissen am Tag seines Geburtstages an der Westfront zu erzählen. Man entwendet ihm das Mikrofon.

00.36 Uhr: Timo Köster demonstriert in „Wetten, dass?"-Manier, dass er in der Lage ist, mittels der Schaufel seines neuen Caterpillars 963 B, dem Geburtstagskind eine Glasvase mit Blumen zu überreichen. Es glückt. Die Gäste tragen ihn auf Händen.

01.22 Uhr: Die Mitglieder des „Modern-Vision-Clubs" präsentieren eine Lasershow, die alle umhaut. Die Gäste sind wie betäubt.

02.14 Uhr: Opa Albert will mit seinen dritten Zähnen ein Stromkabel durchbeißen. Er hat jede Kontrolle verloren und wird resolut hinausgeführt.

02.50 Uhr: Der Saal wird völlig umgeräumt. Carmen Köster demonstriert eine Elefantendressur, wie sie noch keiner gesehen hat. Alle sagen, dass sie schon immer gut mit Tieren umgehen konnte. Frenetischer Jubel.

03.30 Uhr: Der Maurer Hans „Hanni" Bertram will den Südflügel der Gaststätte zum Einsturz bringen und aus den Steinen dem Geburtstagskind bis zum Morgen ein Denkmal mauern. Kann mit Mühe verhindert werden.

03.47 Uhr: Der Discjockey fragt, ob er jetzt Musik machen soll.

Wenn Piloten Geschenke machen ...

Wenn Spediteure Geschenke machen ...

SIEH NUR, OLEG! ERIC DER ROTE KOMMT AUS AMERIKA ZURÜCK!
NUN WIRD ER AUCH SCHON SIEBZIG SEIN!
BUTSCHKOW

Geburtstag im All?

Wirklich kein Problem mehr. Die NASA hat ein Birthday-Shuttle entwickelt, mit dem bis zu 100 Gäste in den Weltraum geschossen werden können. Im Angebot ein reichhaltiges Nahrungs-Tabletten -Menü, Getränke aus der Schnullerflasche und Musik aus dem Cockpit. Die Tour geht direkt zum Mond, als Sonderangebot gibt es dort eine Polonäse zum Meer des Staubes, eine lustige Steinschlacht mit Mini-Meteoriten und eine Krater-Pool-Party, mit Aufpreis auch ein kleines Sternschnuppen-Feuerwerk. Zur Verfügung steht zudem ein Moon-Car für kleinere Ausflüge. Es gilt als Geheimtipp, dieses Gefährt mit verhassten Verwandten zu beladen und sich vor deren Rückkehr aus dem Staub zu machen. Der ganze Spaß ist nicht billig. Pro Person 500 000, aber man kann noch etwas handeln.

Und geht nicht so spät ins Bett!
Bad Liebenzell
Kur-Tours
BUTSCHKOW

Erfahrung braucht Feuchtigkeit.
CREME 70
Endlich haben sie kapiert, wo das Geld steckt!
BUTSCHKOW

DANKE

Opa, Opa, hammer Typ,
ich hab dich richtig dolle lieb.

Weiß gefärbt sind deine Haare,
bist jetzt coole siebzig Jahre.

Hast mir das Rauchen beigebracht,
auch wie man gute Longdrinks macht.

Du zeigtest mir die Pokerkarten
und die Lust an Comic-Schwarten.

Ich begriff Alarmanlagen
und knackte alle Luxuswagen.

Du brachtest mir Karate bei,
und Sex im Raps im Monat Mai.

Ich lernte das Tresoreknacken
und schwarzes Geld nach Weiß zu packen.

Wir übten noch den Taschenklau,
nun gratulier ich – aus dem Bau.

Deine Kinder haben dir einen Computer geschenkt?
Jetzt erfährst du die geballte
Lebenserfahrung der heutigen Jugend.

Burtsinniger Geblödstag

Was schenkte Michael Schumacher seiner Frau im Jahr 2000 zum Geburtstag?

Ferrari-Küsschen!

SUCH, SUCH!

Fünf von den folgenden Wörtern beinhalten Alterserscheinungen. Finde sie!

Bügelfalte
Krähenfuß
Fußpilz
Biertonne
Hängebrücke
Tränensäcke
Krummdolch
Blindfisch
Orangenhaut
Löwenzahn
Klabusterbeeren

Vorsicht, Trickbetrüger!

Grönländische Betrügerbanden stürmen neuerdings auf Geburtstagspartys und geben sich als die verschollenen Verwandten mütterlicherseits aus. Sie saufen und fressen ohne Maß und erbrechen sich regelmäßig ins Bett der Gastgeber. Wenn man aufwacht, ist das halbe Haus abgetragen, und die angeblichen Verwandten sind längst auf einer voll bepackten Scholle in Richtung Heimat unterwegs. Die Polizei rät: Passiert ist passiert, da kann man nix machen.

Süddeutsche Zeitung, 30.05.2001

Frauen mit breiten Hüften leben länger

Stockholm (dpa) – Frauen mit breiten Hüften leben nach einer schwedischen Studie länger und bleiben gesünder als schmale Frauen. So sei das Risiko für Diabetes und Herzinfarkt bei Frauen mit schmalen Hüften höher, berichtete die Zeitung Göteborg-Posten am Dienstag. Eine Medizinerin hatte Gesundheit und Sterblichkeit von 1462 Frauen aus Göteborg untersucht. „Die Faktoren, die die Gesundheit bei Frauen mit breiten Hüften begünstigen sind noch nicht ganz verstanden“, räumte die Forscherin ein.

Altersangabe vermeiden

Niemals soll man bei einer Geburtstagsrede das Alter des Geburtstagskindes erwähnen, rät Dr. Wunsch, Dipl.-Psychologe und Kapazität in Sachen Festlichkeiten. Als Alternative empfiehlt Dr. Wunsch: „Gratuliere, alte Hütte!“ oder „Glückwunsch, Tattersack!“, das sei unverfänglich, zudem humorvoll und frei von Verletzungen. In ganz seriösen Kreisen, so Dr. Wunsch, sagt man auch ein wenig feiner: „Herzlichen Glückwunsch, Euer Altvorderer!“ Jeder auf seine Art. Danke, Dr. Wunsch!

Widmete der kleine 8-jährige Paul seiner Oma zum Geburtstag:

Oma, liebe Oma, du,
hab dich lieb am Tag und auch Nacht,
lieb wenn du mir süße Sachen schiebst du zu
trotz Mama sagst, sollst nicht gemacht.
Hammertoll wie du den Obstler schwenkst,
und bei den Hoffentllich wirst du noch uralt sehr,
so alt wie Dinos und noch viel viel mehr.
Liebe Oma, hab dich lieb.

Der Nudelsalat

Nudeln hell und Nudeln
bunt,
rückt zusammen dicht an
dicht,
vermengt euch kalt im
Schüsselgrund
zum beliebtesten Gericht.

Gottfried von Birkell

Der Weihnachtsmann ist auch schon siebzig.
Und immer noch ein Genießer.

Oh, Gott! Heute gibts Schweine-Braten!
Oder Gänse-Braten!
Oder Gemüse-auflauf!
BUTSCHKOW

Was du jetzt lassen solltest	Was du jetzt tun solltest
Von Rudolf Prack träumen	
Lotto spielen	Wieder in die Kirche eintreten
Der Jugend ständig die Wahrheit sagen	Deinem Lieblings-Kurort deinen Namen geben
	Das Kreuzworträtsel zu Ende bringen
Immer noch an den Wetterbericht glauben	Dein Testament zu deinen Gunsten ändern
Auf deine Eltern schimpfen	Deine Walzerschritte vervollständigen
Mit deinem Alter prahlen	Das Mittagsschläfchen verlängern
In Apotheken rumlungern	Bingo spielen

Cuba libre, Herr Moser?
Gute Sache, diese Pflegeversicherung!
BUTSCHKOWa

Wer seiner Jugend nachläuft,
läuft dem Alter in die Arme.

STANDARD - HOROSKOP

Du wirst atmen und ein Bein vors andere setzen. Deine Hände werden an deinen Armen hängen und greifen, wenn es nötig ist. Dein Kopf bleibt oben zwischen den Schultern. Du wirst müde, wenn du nicht mal schläfst, und abnehmen, wenn du nichts isst.

Die kosmische Lage: Die Sonne schwitzt stark, der Merkur steht im dritten Haus und macht blöd die Venus an. Eine starke Konstellation mit Wirkung auf deinen Tatendrang. Bleib unbeirrt und folge deinen Instinkten. Hab Mut, wenn es sich lohnt, gib auf, wenn du keine Chance hast, bleib faul, wenn andere deine Arbeit machen, und sei aktiv, wenn es um dein Vergnügen geht. Besser kann man nicht leben.

Peter Butschkow, ausgewanderter Berliner.
Ab 1979 ins Bergische Land
über Hamburg nach Nordfriesland.
Zeichnet, schreibt und lebt dort im Grünen
mit einer Lebenspartnerin und zwei Söhnen.

HINWEIS:
Alle in diesem Buch verwendeten Namen und Personen sind frei erfunden. Ähnlichkeiten mit noch lebenden oder bereits verstorbenen Personen sind rein zufällig und nicht beabsichtigt.

Postfach 3407 · 26024 Oldenburg
Reproduktionen:
litho niemann + m. steggemann gmbh · Oldenburg
Gesamtherstellung:
Proost International Book Production
Printed in Belgium · ISBN 3-8303-4078-8

Geschenk von Helga am 20.10.06

70